AF273670

Por sus llagas
somos curados

THOMAS JOACHIM

Por sus llagas somos curados

EDICIONES RIALP
MADRID

Título orginal: *Par ses blessures, nous sommes guéris*

© 2025 *by* Éditions des Béatitudes S.O.C.
© 2025 de la versión española realizada por
   Miguel Martín
   by EDICIONES RIALP, S. A.,
   Manuel Uribe 13-15, 28033 Madrid
   (www.rialp.com)

Preimpresión: produccioneditorial.com

ISBN (edición impresa): 978-84-321-7133-8
ISBN (edición digital): 978-84-321-7134-5
ISBN (edición bajo demanda): 978-84-321-7135-2
ISNI: 0000 0001 0725 313X
Depósito legal: M-13339-2025

Impreso en España   *Printed in Spain*

Anzos, S. L. - Fuenlabrada (Madrid)

ÍNDICE

INTRODUCCIÓN

«¿Dónde puede nuestra fragilidad
encontrar reposo y seguridad, sino en
las llagas del Salvador? [...].
Desde que pienso en esta medicina tan fuerte y eficaz,
la peor de las enfermedades no me asusta ya»
(San Bernardo)[1].

La experiencia del apóstol Tomás

En el evangelio de Juan, el apóstol Tomás vive un
encuentro impactante con Cristo resucitado. Ausente
en la primera aparición de Jesús a los discípulos, había
dudado del testimonio vibrante de sus hermanos. En
este tumulto interior, su fe vacilaba. Sin embargo, su
corazón se volvió instintivamente hacia la fuente de
la curación espiritual, hacia las llagas del Señor: «*Si
no le veo en las manos la marca de los clavos, y no
meto mi dedo en esa marca de los clavos y meto mi
mano en el costado, no creeré*» (Jn 20, 25). Cristo, rico
en misericordia, respondió a esta llamada de Tomás.
Acudió a curar su incredulidad por la evidencia
luminosa de sus llagas: «*Trae aquí tu dedo y mira mis*

---

[1] San Bernardo, *Homilías sobre el Cantar de los cantares* (Sermón 61, 3-5).

manos, y trae tu mano y métela en mi costado, y no seas incrédulo sino creyente» (Jn 20, 27).

Este libro es una invitación a imitar al apóstol Tomás volviendo nuestra mirada hacia las llagas del Señor. Si lo hacemos con fe, descubriremos las señales del amor de Jesús por nosotros y podremos exclamar, como san Pablo: *«Me amó y se entregó a sí mismo por mí»* (Ga 2, 20). *Crux lux:* la cruz es luz[2].

La lección de san Pedro

Vamos a sumergirnos en el misterio de las llagas de Jesús. Esta meditación podría parecer sombría a primera vista, pero en realidad es una fuente luminosa de curación y de esperanza. Según la palabra de san Pedro: *«Por sus llagas fuisteis sanados»* (1 P 2, 24)[3].

Lo mismo que Tomás, san Pedro ha captado la importancia decisiva de las llagas de Cristo[4]. Pensad

---

[2] Las llagas de Cristo han sido durante siglos el centro de la devoción y la teología católicas. Son ya un tema recurrente en los escritos de los Padres de la Iglesia, sobre todo los de Cirilo de Alejandría (375-444), pero es sobre todo en el periodo medieval, gracias a la predicación de san Bernardo de Claraval (1090-1153) y de san Francisco de Asís (1182-1226), cuando se extiende esta devoción. Aunque no se haya establecido en la Iglesia ninguna fiesta universal en honor de las llagas de Cristo, había en los misales medievales una misa especial conocida como la Misa de Oro, que se celebró sobre todo por Juan XXII (1334) e Inocente VI (1362). En el curso de su celebración se encendían cinco velas en honor de las cinco llagas de Cristo en la Cruz. El «rosario de las Cinco Llagas» también fue aprobado por la Santa Sede el 11 de agosto de 1823, y de nuevo en 1851.

[3] Para un comentario exegético de esta frase, véase: Ceslas Spicq, *Les Épitres de saint Pierre,* París 1966. Sources Bibliques, Gabalda, p. 113-114.

[4] La palabra griega que usa aquí san Pedro es *molops*. Es la misma que se encuentra en Is 53, 5 en la traducción de los Setenta. Designa una magulladura, una marca dejada por una contusión. En el Nuevo Testamento,

en lo que debió suponer para él esta toma de conciencia, él que había negado a su Maestro y no había tenido el valor de seguirle hasta el pie de la cruz. Se pueden fácilmente imaginar las lágrimas de gratitud que han brotado en sus ojos cuando escribió estas palabras: «*Por sus llagas fuisteis sanados*»[5].

El gran misterio de la «expiación»

Cristo vino a curarnos de la "enfermedad" del pecado, y no simplemente para ser un ejemplo. ¿Para qué les serviría un ejemplo de perfecta salud a los que están enfermos? Este es el meollo y la savia de todo el Evangelio: Dios se ha hecho hombre para curarnos del pecado y unirnos a él. Pero Dios, infinitamente santo, no hubiese podido justamente curarnos del pecado sin haber justificado también su justicia. Si nos hubiera perdonado a costa de su justicia, su perdón habría estado en contradicción con su esencia. Hacía falta un sacrificio expiatorio para unir a la vez la justicia y la misericordia: «*Sin derramamiento de sangre no hay remisión*» (He 9, 22)[6].

---

se encuentran otras dos palabras muy parecidas: *trauma* (cf. Lc 10, 34), y *plégé* (cf. Hch 16, 33; Ap 13, 3 y 12) que pueden traducirse por: golpe, herida o llaga.

[5] San Pedro se apoya aquí en una profecía de Isaías que, desde siglos antes, había anunciado al Mesías sufriente: «*El castigo, precio de nuestra paz, cayó sobre él, y por sus llagas hemos sido curados*» (Is 53, 5).

[6] Comprendemos bien que el autor de la Epístola a los Hebreos habla aquí de la santificación de la mancha del pecado en el Antiguo Testamento. Esta suponía necesariamente la efusión de sangre, puesto que suponía sacrificios. Pero no procuraba el perdón más que en la medida en que anunciaba de una manera figurativa la futura remisión de los pecados por la sangre de Cristo. El perdón de los pecados no venía pues de la efusión de la sangre misma, sino de la fe implícita en Jesucristo.

En otro tiempo, los sacerdotes aportaban una víctima de expiación, pero era un cordero. Lo degollaban y la sangre caliente se derramaba, pero la humanidad no estaba salvada por eso. La sangre de los animales no podía curar del pecado, ni unir con Dios a los hombres. Como dice el papa Benedicto XVI: «Podía ser un signo de esperanza y de la perspectiva de una obediencia más grande y verdaderamente salvadora»[7]. Para curar a todos, respetando la justicia, hacía falta un sacrificio a la altura de Dios, el sacrificio del Hijo de Dios mismo. Ocurre que «en la entrega de sí mismo en la cruz, Jesús deposita, por decirlo así, todo el pecado del mundo en el amor de Dios, y en él lo limpia»[8]. El sacrificio de Cristo ha operado una maravillosa unión de justicia y misericordia: *«A él, que no conoció pecado, lo hizo pecado por nosotros, para que llegásemos a ser en él justicia de Dios»* (2 Co 5, 21).

---

[7] Benedicto XVI, *Jesús de Nazaret,* t. 2, Ed. Encuentro. Madrid 2011, p. 159.

[8] Ibid., p. 54. Ver también p. 268: «En la cruz de Jesús se había verificado lo que en vano se había intentado con los sacrificios de animales: el mundo había obtenido la expiación. El "Cordero de Dios" había cargado sobre sí el pecado del mundo y lo había quitado de allí». Y p. 269: «En la Pasión de Jesús, toda la suciedad del mundo entra en contacto con el inmensamente Puro, con el alma de Jesucristo y, así, con el Hijo de Dios mismo. Si lo habitual es que aquello que es impuro contagie y contamine con el contacto lo que es puro, aquí tenemos lo contrario: allí donde el mundo, con toda su injusticia y con sus crueldades que lo contaminan, entra en contacto con el inmensamente Puro, Él, el Puro, se revela al mismo tiempo como el más fuerte. En este contacto la suciedad del mundo es realmente absorbida, anulada, transformada mediante el dolor del amor infinito». La idea de sacrificio expiatorio sustitutivo ha sido muy discutida en teología, sobre todo entre católicos y protestantes. Cuando el *Catecismo de la Iglesia Católica* habla de sustitución, se trata del acto de obediencia de Jesús hasta la muerte, por el cual «llevó a cabo la sustitución del Siervo doliente» (n. 615).

Pero de entrada se plantea una cuestión: ¿en qué puede ser beneficiosa la contemplación de las llagas atroces de Jesús? Hay una historia en el libro de los Números que aclara ese misterio (cf. Nm 21). Mientras los hebreos atravesaban el desierto, fueron mordidos por serpientes venenosas. Por orden divina, Moisés hizo una serpiente de bronce y la colocó sobre un mástil. Quien miraba a la serpiente quedaba curado. La relación entre la serpiente de bronce y Cristo es evidente. Por otra parte, el valor numérico de la palabra «serpiente» en hebreo (*Nahash*) es el mismo que el de la palabra «Mesías» (*Mashiah*)[9].

Así como los hebreos mordidos curaban al mirar la serpiente elevada por Moisés, a nosotros se nos pide dirigir con fe nuestra mirada a Cristo crucificado, a fin de obtener la curación.

En nuestras meditaciones, vamos a hacer como Moisés, vamos a levantar la Cruz de Cristo en el desierto de nuestros corazones. Al contemplar las llagas del Mesías de Dios[10], vamos a pedir al Señor que nos conceda una curación perfecta, una buena salud espiritual, e incluso, si él lo quiere, la salud física. Descubriremos entonces, en las llagas de Jesús, no una fuente de tristeza, sino de luz y de vida.

---

[9] *Nahash* (50+8+300=358) y *Mashiah* (40+300+10+8=358). En hebreo, las letras tienen un valor numérico y pueden utilizarse para contar. Eso se llama la *gematría,* del griego *geometría.*

[10] Por supuesto, no meditaremos más que las principales llagas de Cristo, pues, a decir verdad, todo el cuerpo de Jesús fue magullado durante su Pasión. En una de sus visiones místicas, Cristo habría revelado a santa Gertrudis (1256-1302) el número total de las heridas que recibió: ¡5466!

Este libro se compone de nueve meditaciones. Cada una termina con una oración con el fin de transformar nuestra contemplación en petición concreta de curación espiritual. Estas oraciones se dirigen a Dios por intercesión del arcángel san Rafael, cuyo nombre significa «Dios cura» (*Rapha-El*).

En la Biblia, el ángel Rafael aparece en el libro de Tobías. Os sugiero leerlo en paralelo de nuestras meditaciones. Este maravilloso cuento bíblico es una historia extraordinaria de curación. Encontramos allí a Tobit, un judío piadoso que vive en exilio, que se queda ciego. Incapaz de atender las necesidades de su familia, envía a su hijo Tobías a recuperar diez talentos de plata prestados en el pasado. Es entonces cuando entra en escena el ángel Rafael, bajo la apariencia de un extraño dispuesto a acompañar al joven Tobías en su búsqueda. En el camino, Rafael conduce a Tobías hacia Sara, una muchacha desgraciada, atormentada por Asmodeo, el más temible de los demonios. Tobías se enamora de Sara, cuyo nombre significa "princesa", y con la ayuda de Rafael, descubre cómo liberarla de sus cadenas diabólicas. Armado con este amor y esta victoria, Tobías vuelve luego a su padre para devolverle la vista.

Como la mayor parte de los cuentos, el libro de Tobías es portador de una gran enseñanza, bajo una forma aparentemente infantil. El elemento importante aquí no es tanto la historia misma como el recorrido iniciático que propone: el de la curación por la bondad. En hebreo, Tobit es de hecho *Tobyyahu,* que significa: «Yahvé es bueno», o «el Señor es bueno». Su hijo Tobías, así como su propio padre, Tobiel —que significa «Mi bien es Dios»—, recuerdan también esta bondad divina que es fuente de curación.

Sin embargo, en el libro de Tobías, Dios no se manifiesta directamente; apenas se le menciona; actúa a través de Rafael. Como se dice: «*Fue enviado Rafael para curar a los dos*» (Tb 3, 17). El ángel juega un rol de mediador, especialmente mediante su intercesión, como lo indicará a Tobit: «*Cuando Sara y tú hacíais oración era yo el que presentaba el testimonio de vuestra plegaria ante la gloria del Señor*» (Tb 12, 12). Por eso, rezaremos por su intercesión.

Paul Claudel en *L'Histoire de Tobie et de Sara* señala que ese libro es una aplicación de estas palabras del Evangelio: «*Si dos de vosotros se ponen de acuerdo en la tierra sobre cualquier cosa que quieran pedir, mi Padre que está en los cielos se lo concederá*» (Mt 18, 19). Claudel comenta: «Dios nunca hace bien a uno solo, no da jamás nada que no sea activo y contagioso [...]. Es la comunión de estas dos almas alejadas y que se ignoran en la necesidad y la oración lo que da interés al libro de Tobías»[11]. Antes de entrar en la meditación de las llagas de Jesús, recemos un momento unos por otros, por todos los que, como nosotros, dirigirán su mirada a Cristo crucificado y glorificado, con la esperanza de curar...

---

[11] Paul Claudel, op. cit., París 1942. Gallimard, pp. 9 y 11.

1. LA BOFETADA DEL GUARDIA

> *«No he ocultado mi rostro*
> *a las afrentas y salivazos»* (Is 50, 6)

Antes de mirar las llagas de Jesús, consideremos la primera violencia que le infligen durante su proceso. Concierne a su rostro. Según san Juan en el capítulo 18, todo comienza por una bofetada. La escena sucede en casa de Anás, el sumo sacerdote, a quien han llevado a Jesús para someterle a un interrogatorio[1].

«El sumo sacerdote interrogó a Jesús sobre sus discípulos y sobre su doctrina. Jesús le respondió: "Yo he hablado claramente al mundo, he enseñado siempre en la sinagoga y en el Templo, donde todos los judíos se reúnen, y no he dicho nada en secreto. ¿Por qué me preguntas? Pregunta a los que me oyeron de qué les he hablado: ellos saben lo que he dicho." Al decir esto, uno de los servidores que estaba allí le dio una bofetada a Jesús, diciendo: "¿Así es como respondes al sumo sacerdote?"» (Jn 18, 19-22).

---

[1] De hecho, el sumo sacerdote, aquel año, era Caifás. Anás no estaba ya en ejercicio desde hacía unos años, pero gozaba aún de una autoridad moral y cierto ascendiente sobre su yerno Caifás. Los guardias llevan pues a Jesús primero a casa de Anás, para un primer interrogatorio, luego a casa de Caifás donde le encerrarán durante una parte de la noche, para poder presentarlo a Poncio Pilato al amanecer. Los judíos, en efecto, no estaban autorizados a condenar a muerte; para eso, necesitaban recibir la autorización del prefecto romano de Judea.

La intención de una bofetada

Para comprender bien la importancia de ese gesto del guardia, hay que reflexionar sobre lo que es una bofetada. La intención de una bofetada no es la misma que la de un puñetazo. Este intenta derribar al otro, hacerle daño, dejarle KO. La bofetada apunta más bien a humillarlo, a trastornarlo psicológicamente. De hecho, el dolor físico de una bofetada es de ordinario superficial, mientras que el impacto emocional es muy fuerte. Y eso es lo que intenta la bofetada: tiende menos a derribar al otro que a desestabilizarlo, a tratarlo como a un «pequeño». Por otra parte, las palabras del guardia que acompañan a esta bofetada muestran bien esta intención: «¿Es así como respondes al *sumo* sacerdote?». Quiere rebajar a Jesús, quiere humillarlo, pues tiene la impresión de que Jesús le ha faltado el respeto al «sumo» sacerdote.

Detrás de ese gesto del guardia, se puede percibir la intención del demonio. Es él quien, a lo largo de la Pasión, quiere afirmar su supremacía sobre Jesús y humillarlo. Esa es su primera intención. El demonio quiere ser el Príncipe de este mundo y para eso debe rebajar a Jesús.

El rostro de Cristo

Notemos también que una bofetada consiste en golpear *el rostro* del otro. Para comprender la importancia, habrá que tomarse el tiempo de reflexionar sobre el rostro humano. El filósofo

Emmanuel Levinas ha insistido mucho en que esta parte de nuestro cuerpo está "sin defensa":

> La piel del rostro es la que queda más desnuda, la más desprotegida. La más desnuda, aunque con una desnudez decente. La más indigente también: hay en el rostro una pobreza esencial [...]. El rostro está expuesto, amenazado, como invitándonos a un acto de violencia. Al mismo tiempo, el rostro es el que prohíbe matar [...] la relación con el rostro es en principio ética. El rostro es lo que no se puede matar, o al menos su sentido consiste en decir: "No matarás"[2].

Eso es verdad en todo hombre. Pero en el caso de Jesús, hay algo muy particular, porque Jesucristo es Señor. Su rostro es el de Dios para nosotros. La bofetada del guardia, que inaugura toda la violencia de la Pasión, tiene pues una importancia infinita: golpear el rostro de Cristo, es levantar la mano a Dios mismo. Y si la bofetada busca humillar, se puede decir que este primer momento de la Pasión de Cristo es la manifestación del demonio que entra en escena con el loco intento de afirmar su supremacía sobre Dios.

La humildad, principio de la vida espiritual

Este primer momento de la violencia, la bofetada que recibió Jesús, nos enseña la táctica del demonio: busca primero desestabilizarnos mediante la humillación. También necesitamos absolutamente pedir la gracia de la humildad. La humildad es el fundamento de toda la vida espiritual. Sin ella,

---

[2] Emmanuel Levinas, *Éthique et infini* (1982), París 1996, p. 80.

todo lo demás no es sino apariencia e hipocresía. Al meditar sobre esta primera llaga de Jesús, pidamos a Cristo que nos dé un poco de su humildad. Ella es el principio de toda curación espiritual.

Oremos

Oh, glorioso arcángel Rafael, nos dirigimos a ti en este momento de oración. Tú que condujiste a Tobit por el camino de la curación y de la sabiduría, sé nuestro guía en el camino de la humildad y de la verdad. Intercede por nosotros, para que podamos curar del orgullo. Ayúdanos a comprender que la verdadera grandeza se encuentra en la humildad y el servicio a los demás. Por la bofetada injustamente recibida por nuestro Salvador, ayúdanos a reconocer nuestra propia pequeñez y a crecer en la verdad. Que nuestro corazón sea curado de toda forma de hipocresía, de espíritu de venganza, y que lo llene la humildad de Cristo. Amén.

2. LA FLAGELACIÓN

*«Sobre mi espalda han arado los aradores;
han marcado largos surcos»* (Sal 128, 3).

Propiamente hablando, la bofetada del guardia no es una llaga, pues no implica lesión. La primera verdadera llaga de Jesús es la causada por la flagelación. El evangelio de Juan evoca este episodio de manera muy sobria [*«Entonces Pilato tomó a Jesús y mandó que lo azotaran»* (Jn 19, 1)], pero los archivos históricos, unidos a la evidencia de la Sábana Santa de Turín, revelan la intensidad de la violencia que se abatió sobre Jesús. Los soldados romanos se encarnizaron con él.

El horror de la flagelación

El azote romano, llamado *flagrum,* era un instrumento cruel, compuesto de correas provistas de bolas de plomo o de huesos, de modo que cada golpe desgarraba la piel y los músculos. Se ataba al supliciado a una columna, los brazos levantados, y uno o dos ejecutores procedían a la flagelación. Ordinariamente, esta se limitaba a una veintena de golpes a fin de evitar la muerte del condenado. Su objetivo era torturar, hacer sangrar y debilitar al que debía luego poder llevar su cruz y ser crucificado. Pero en la Sábana de Turín, las marcas dejadas por el azote son mucho más numerosas: más de 120 impactos son visibles[1], que indican que al menos se dieron sesenta golpes, un número suficiente para causar la muerte de un hombre. Se ha calculado que la piel del hombre de la Sábana había sido dañada unos 900 cm^2. Jesús debió perder mucha sangre en ese momento.

¿Por qué Pilato ha ordenado este horrible suplicio cuando creía inocente a Jesús y no había tomado aún la decisión de hacerlo crucificar? Tal vez pensaba calmar a los sumos sacerdotes infligiendo un castigo ejemplar a Jesús. O quizá buscaba burlarse de la idea misma de un «Rey de los judíos», sirviéndose de Jesús para humillar a los que le temían. Mostrando a Jesús y diciendo: «*Aquí está vuestro rey*» (Jn 19, 14), Pilato quiso declarar que ese pretendido rey no es nada frente a la autoridad del César.

El «yo-piel»

Para comprender más profundamente lo que significa la flagelación de Jesús, es necesario reflexionar sobre lo que representa la piel simbólicamente. La piel, que recubre todo nuestro cuerpo, es la manifestación exterior de nuestra persona. Por eso, en el teatro, se habla de «entrar en la piel de un personaje» o de «encarnarlo». Cuando somos felices, decimos que «estamos a gusto en nuestro pellejo». En la mitología griega, cuando Marsias es desollado vivo por Apolo, él

---

[1] Las lesiones se sitúan principalmente en la espalda, los hombros y la parte posterior de las piernas. Para un estudio reciente de la Sábana, puede verse: AA.VV. *Testigos del misterio. Investigaciones sobre las reliquias de Cristo.* Ed. Rialp. Madrid 2014.

exclama: «¿Por qué me arrancas a mí mismo?». La piel representa la manifestación exterior de nuestro ser. Expresa nuestra persona en su relación con la mirada de los demás. Así, el psicoanalista Didier Anzieu, en su obra *Le Moi-peau*[2], desarrolla la intuición de Paul Valéry según la cual: «Lo que hay de más profundo en el hombre es la piel»[3].

Es esta manifestación exterior de la persona de Jesús lo que el demonio ataca en primer lugar en la Pasión. Quiere desfigurar al que es «*el más bello de los hijos de los hombres*» (Sal 44, 3), busca convertirlo en un objeto de horror. «*Ecce Homo*, he aquí al hombre» (Jn 19, 5) ha proclamado Pilato al presentar a Jesús ensangrentado a la multitud; he aquí la imagen de Dios, tal como el demonio querría presentarla al mundo.

La obsesión de las apariencias

¿Qué nos enseña la flagelación de Cristo? Nos libera de nuestra obsesión por las apariencias, de nuestro constante desvelo por la mirada de los demás, de nuestra vanidad. Por su flagelación, Jesús acepta que su imagen sea enturbiada, que él quede reducido a casi nada ante los ojos de los hombres. Renuncia a la belleza exterior para invitarnos a descubrir la belleza interior. Su flagelación nos invita así a no juzgar más por las apariencias. Exteriormente, Jesús no tiene ya rostro humano; interiormente es el Rey de reyes. «*Aquí está vuestro Rey*», reconocía Pilato a su pesar

---

[2] Dunod, París 1985.

[3] *L'idée fixe, Œuvres*, t.2, La Pléiade, Gallimard, París 1960, p. 215.

(Jn 19, 14). ¿Y nosotros, reconocemos al verdadero Rey detrás de las apariencias?

Oremos

Oh, glorioso Arcángel Rafael, tú que llevas la curación divina, te pedimos humildemente que intercedas por nosotros ante el Señor. Tómanos de la mano y guíanos hacia las gracias que Jesús ha merecido para nosotros por su flagelación. Contemplando sus sufrimientos, te pedimos quedar liberados de la preocupación por la mirada de los demás. Ayúdanos a desprendernos de la obsesión de agradar y de la vanidad en todas sus formas. Que la belleza interior tenga más valor a nuestros ojos que la apariencia.

Enséñanos a no juzgar ya por el exterior, sino a discernir y respetar la verdadera dignidad en cada uno. Amén.

3. LA CORONACIÓN DE ESPINAS

*«Sé fiel hasta la muerte, y te daré
la corona de la vida»* (Ap 2, 10)

*«Los soldados le pusieron en la cabeza una corona
de espinas que habían trenzado y lo vistieron con un
manto de púrpura. Y se acercaban a él y le decían:
"Salve, Rey de los judíos". Y le daban bofetadas»*
(Jn 19, 2-3). Imaginemos esta escena desgarradora
en que los soldados romanos trenzan una corona
de espinas, la colocan sobre la cabeza de Jesús, le
visten con un manto de púrpura y, con una ironía
cruel, se prosternan ante él diciendo: «¡Salve, rey
de los judíos!» Físicamente, el dolor es inmenso.
Los soldados es probable que hayan fabricado esta
corona (o este gorro espinoso) con un arbusto de la
parte donde las espinas son más largas y aceradas,
luego la han encajado en la cabeza de Jesús con una
estaca. En la Sábana de Turín, se cuentan 33 llagas
de la cabeza (13 perforaciones del cuero cabelludo
sobre la frente y delante de la cabeza, 20 en la
región occipital). Como el cuero cabelludo está
muy vascularizado, la hemorragia fue abundante. El
rostro de Cristo debió quedar cubierto de sangre. Sin
embargo, lo mismo que la bofetada y la flagelación,
la intención de esta corona no es matar a Jesús, sino
continuar torturándole y ridiculizándole. La burla

diabólica no sabría imaginar nada peor que esta corona de espinas.

El simbolismo de la cabeza y de la corona

Para entrar en el sentido profundo de esta escena, hay que empezar por reflexionar sobre el significado simbólico de la cabeza, pues es precisamente ella la que se hiere con esta corona de espinas. En general, venimos al mundo por la cabeza. La cabeza expresa lo que es lo primero. Como contiene el cerebro, que es el órgano de control de todo el organismo, ella simboliza en particular lo que es principio en el orden del gobierno. Remite a la idea de primacía y autoridad. Por eso, en el lenguaje corriente, se dice de un dirigente que «está a la cabeza» de una sociedad. Es la idea de realeza la que está aquí en juego.

Cubriendo su cabeza con una corona, los reyes y las reinas de todos los tiempos han tratado de simbolizar el lazo entre su autoridad terrena y la de Dios. La corona de un rey sitúa a quien la lleva por encima de los mortales y por debajo de reino celestial. Además, por su forma circular, evoca la relación entre el poder temporal y la eternidad, pues el círculo no tiene comienzo ni fin. La corona significa así que toda autoridad verdadera proviene de Dios. Y es precisamente eso lo que el demonio quiere ridiculizar.

Una burla demoníaca

¿Por qué los soldados han manifestado tanta maldad? ¿Qué les ha hecho Jesús para merecer esta crueldad?

¡Esos hombres ni siquiera le conocían! ¿Cuál es el origen de su violencia? Desde un punto de vista psicológico, se podría emitir la hipótesis de que los soldados proyectan sobre Jesús su propia rebeldía contra la autoridad, sobre todo la de Pilato.

Expresan con esta violencia absurda su odio a la autoridad. Sucede a menudo, en efecto, que la violencia sufrida engendra violencia infligida. Los que abusan son a veces abusados. Pero aquí, hay algo más. Detrás de la violencia de los soldados, está por cierto el odio del diablo que se encarniza contra Jesús. Mueve las cuerdas y en esos primeros momentos de la Pasión, no ha cesado de afirmar su autoridad sobre la de Jesús. La puesta en escena teatral de los soldados es una burla demoníaca del Rey de reyes. Es una parodia, una caricatura del poder real del Señor. Satanás desea coronarse de gloria para ser el único Príncipe de este mundo.

La alegría del Rey de la paz

Un detalle notable da la clave de interpretación de esta segunda llaga. Cuando los soldados se burlan de Jesús diciendo: «¡*Salve, rey de los judíos!*» (Jn 19, 3), se puede notar que la palabra griega, traducida aquí por «salve» (*chairé*), significa literalmente «alégrate». Es el mismo término que el ángel Gabriel ha utilizado en la Anunciación a María: «*Alégrate, llena de gracia*» (Lc 1, 28). Así, sin pretenderlo, los soldados proclaman un nuevo nacimiento, el de una humanidad renovada y salvada de su locura. Sin saberlo, anuncian la victoria del Rey de la paz. Proclaman inconscientemente una verdad divina: «*Por sus llagas hemos sido curados*» (Is 53, 5). Jesús, renunciando a utilizar su omnipotencia divina para defenderse y vengarse, rompe la espiral de la violencia y nos abre el camino de la paz.

Restablecer la autoridad en la humildad

Al contemplar esta coronación de espinas, comprobamos que Jesús ha aceptado sus sufrimientos para liberarnos del orgullo y de la vanidad. Por el ejemplo de su paciencia, quiere librarnos de la tentación de afirmar nuestra autoridad mediante la violencia. Y nos restablece así en nuestra verdadera dignidad de hijos e hijas del Rey. *«Bienaventurados los pacíficos, porque serán llamados hijos de Dios»* (Mt 5, 9).

Oremos

Oh, glorioso Arcángel Rafael, tú que eres portador de la curación de Dios, te rogamos que intercedas por nosotros ante el Padre celestial. A fin de que, por los méritos de la coronación de espinas de Jesús, seamos liberados de toda tentación de dominación y de abuso de poder. Te pedimos humildemente que nos ayudes a restablecer nuestra verdadera autoridad. Ayúdanos a reconocer la dignidad nuestra como hijos de Dios y a vivir plenamente nuestra llamada al amor y al servicio de los demás. Te damos gracias, san Rafael, por tu presencia amorosa y protectora, y te rogamos que nos guíes siempre. Amén.

4. LA CRUZ A CUESTAS

«Subiendo al madero, él mismo llevó
nuestros pecados en su cuerpo» (1 P 2, 24)

«Entonces se lo entregó para que lo crucificaran. Y se llevaron a Jesús. Y, cargando con la cruz, salió hacia el lugar que se llama la Calavera, en hebreo Gólgota» (Jn 19, 16-17).

Después de la flagelación y la coronación de espinas, después de sufrir toda clase de burlas y bofetadas, Jesús es condenado a muerte por crucifixión. Pilato, al pronunciar la sentencia de muerte, entrega a Jesús a los soldados romanos[1] que le obligan a cargar con su cruz desde la fortaleza Antonia hasta la cima del Gólgota, una distancia de unos 500 metros, para ser allí crucificado.

La carga de la cruz

Sabemos hoy que Jesús no cargó con toda la cruz. Conforme a la costumbre de la época, debe llevar sobre los hombros, ya heridos por la flagelación, el *patibulum,* la parte transversal horizontal de la

---

[1] Sin duda, cuatro soldados mandados por un centurión.

cruz, una pieza de madera pesada y masiva, que pesa al menos 25 kg. Con cada paso, esta viga rugosa, probablemente amarrada a los brazos de Jesús con cuerdas, provoca lesiones de roce en los hombros y la espalda y aumenta el dolor. La Sábana Santa de Turín, testigo silencioso de este sufrimiento revela en particular una gran herida en el hombro derecho. Hematomas marcan también el hombro izquierdo. Cristo mismo, respondiendo a san Bernardo de Claraval que le preguntaba cuál había sido el peor sufrimiento físico, habría respondido que, al llevar su cruz, una llaga profunda en el hombro le ocasionó más dolor aún que las otras. Esta observación nos lleva a reflexionar sobre el simbolismo de los hombros.

El simbolismo del hombro

Desde el punto de vista anatómico, los hombros forman un eje horizontal que sostiene la cabeza y el cuello. Evocan la fuerza y el apoyo. Simbólicamente, representan la capacidad de portar cargas y responsabilidades. Se dice de una persona que «tiene la cabeza sobre los hombros» para indicar que es sensata, apta para asumir sus responsabilidades. En las tradiciones caballerescas, la espada posada de plano sobre el hombro simbolizaba la aptitud para impartir justicia, marcando al caballero con el sello de la responsabilidad. Del mismo modo, las hombreras en el ejército acentúan simbólicamente esta capacidad de obedecer y cumplir las órdenes recibidas. «Tomar algo sobre sus hombros» significa asumir la responsabilidad, a veces aplastante.

Llevando su cruz sobre los hombros, Jesús acepta plenamente la misión que su Padre le ha confiado. Se carga con el peso de los pecados de la humanidad entera, presentándose delante de Dios como el único responsable.

Es a la vez el verdadero Cordero que quita los pecados del mundo y el Buen Pastor que conduce al redil a la oveja perdida y encontrada. La carga de la cruz puede recordarnos el mito de Atlas en la mitología griega, condenado a cargar para siempre al mundo sobre sus hombros. Pero, a diferencia de Atlas, Jesús escogió libremente llevar esa carga.

La voluntad de poder

Por su herida en el hombro, Jesús nos curó de nuestra malvada «voluntad de poder». Frédéric Nietzsche, uno de los filósofos más críticos con el cristianismo, ha exaltado en toda su obra esta voluntad de poder, que es voluntad de cada vez más poder siempre. ¿Es por azar que se haya hundido en la locura el 3 de enero de 1889, en Turín, muy cerca de donde se conserva la Sábana Santa? Quizá era esto necesario para que se salvase de sí mismo, para que su búsqueda de poder fuese parada por la impotencia[2].

Esta paradoja se aplica a cada uno de nosotros, porque, como ha subrayado el psicólogo Alfred

---

[2] Cf. Didier Rance, *Nietzsche et le Crucifié: Turín 1888*, Ad Solem, Genève 2015.

Adler, nuestro inconsciente es con frecuencia afectado por un complejo de inferioridad que pasamos nuestra vida tratando de compensar[3]. Nos esforzamos por probar nuestra valía, por afirmar nuestro poder, por enmascarar nuestras fragilidades interiores. Pero Jesús, por su sacrificio en la cruz, nos muestra una vía diferente, un camino hacia el verdadero poder. Este poder auténtico no reside en la dominación o la fuerza bruta, sino en el abandono total a la voluntad divina y en la aceptación de nuestra dependencia.

La impotencia aceptada

La herida del hombro de Jesús revela de nuevo la intención del demonio durante la Pasión. Después de haberlo humillado y desfigurado, el diablo se encarniza con él para debilitar su poder. Quiere demostrar su dominio sobre Jesús. Y Jesús va a aceptar libremente ser en apariencia reducido a la impotencia. La flagelación ha lacerado ya los hombros del hijo del carpintero; la pesada cruz hará el resto.

La herida de los hombros de Jesús manifiesta la impotencia a la que nos enfrentamos todos un día. Nos enseña a aceptar nuestra incapacidad, a renunciar a nuestra propia fuerza, a consentir ser asistidos por nuestros hermanos y hermanas. Jesús, verdadero hombre y verdadero Dios, hubiese podido en todo instante recurrir a su poder divino, pero ha elegido la vía de la humildad. En el camino del Gólgota, la

---

[3] Cf. Alfred Adler, *Le Tempérament nerveux. Éléments d'une psychologie individuelle et applications à la psychothérapie*, Payot, París 1970.

tradición nos dice que cae tres veces bajo el peso de la cruz, y el Evangelio nos dice que acepta la ayuda de Simón de Cirene: «*Cuando salían encontraron a un hombre de Cirene que se llamaba Simón, y le forzaron a que le llevara la cruz*» (Mt 27, 32).

El poeta francés Jean-Pierre Lemaire presta su voz a Simón de Cirene para ofrecernos una visión sugestiva de ese momento:

El peso de la vida, no tenía yo una idea clara de eso antes de que se me obligase. A la vuelta del campo, cuando se me ha puesto la cruz en la espalda, he sentido su garra enorme, inevitable: el cielo ha cambiado con las casas del arrabal, el monte pelado, la hilera de los rostros arrugados por el odio o la compasión. Había que caminar. Él delante, yo detrás, formábamos juntos un extraño enganche y la cruz dejaba en la tierra un surco enseguida pisoteado. Yo levantaba un tercio o un cuarto de la carga; él llevaba el resto; una mirada de su madre me ha recompensado. Al llegar arriba, he podido partir. Se le reservaba la última etapa[4].

Oremos

Oh, Jesús, a ti que has dicho: «*Venid a mí todos los fatigados y agobiados, y yo os aliviaré*» (Mt 11, 28), te rogamos, por la intercesión de san Rafael, que vengas a aliviarnos del peso de las preocupaciones. Libéranos de la carga de la vergüenza, del sentimiento de no estar a la altura o de ser una carga para los demás. Líbranos del miedo a pesar o a ser visto como incapaz de cargar. Alivia nuestra carga y danos asumir

---

[4] Jean-Pierre Lemaire, «Simon de Cyrène», *Le Pays derrière les larmes*, Gallimard, NRF, París 2016, p. 351.

tranquilamente nuestras responsabilidades. Envía a tu ángel Rafael para que nos asista y nos cuide en el camino. Amén[5].

---

[5] He aquí otra oración atribuida a san Bernardo: «Muy amado Señor, dulce Cordero de Dios, yo pobre pecador, adoro y venero la santa llaga que recibiste en el hombro llevando al Calvario la pesada cruz que dejó al descubierto tres huesos santos, ocasionando un inmenso dolor. Te suplico, por los méritos de esa llaga, que tengas piedad de mí, perdonándome todos mis pecados mortales o veniales, asistiéndome en la hora de mi muerte y conduciéndome a tu dichoso Reino. Amén».

5. CRISTO DESNUDO

*«Desnudo salí del vientre de mi madre
y desnudo volveré»* (Jb 1, 21)

Los evangelios sugieren que Jesús, antes de ser clavado en la cruz, fue despojado de sus vestiduras por los soldados romanos. Se dice, en efecto, que *«después de crucificarlo, se repartieron sus ropas echando suertes»* (Mt 27, 35). Este desnudar a Jesús no es una herida en sentido físico, aunque haya sido doloroso ciertamente, reabriendo las llagas infligidas por la flagelación. En todo caso, ese momento es central en nuestra meditación, pues marca una transición entre las heridas sufridas antes de la crucifixión y las de la cruz misma.

Durante la Pasión, observamos de un lado las heridas «superficiales» (en la cabeza, en el rostro, en el hombro) y, de otro, las heridas penetrantes (las producidas por los clavos y la lanza). El desnudar a Jesús se encuentra entre las dos. Revela el deseo del Verbo encarnado de desvelar el misterio de su Padre a través de la exposición de su fragilidad. Permite ver el conjunto de las heridas de Cristo, ante la Cruz.

De la cabeza a los pies, todo el cuerpo de Jesús no es más ya que una llaga abierta. Su cabeza está cubierta de sangre, ahí donde la corona de espinas la ha pinchado. Su rostro está marcado por hematomas. Está sucio a causa de los escupitajos en las burlas. Su barba ha sido arrancada en las mejillas. Sus labios están resecos por la fiebre. Su espalda no es ya más que una herida. Y ahora se apresuran a clavarle en la cruz, un dolor físico que resulta imposible de describir completamente.

La fragilidad del cuerpo humano

La desnudez, más allá de la ausencia de ropa, simboliza la vulnerabilidad del ser humano. Los filósofos han subrayado con frecuencia lo frágil que es el cuerpo humano al nacer. El recién nacido llega al mundo sin defensa, sin uñas fuertes ni dientes para defenderse, sin piel gruesa o abundante pelo para cubrirse. ¿Por qué esta fragilidad única del cuerpo humano? ¿Habría fallado la naturaleza en su creación? En la Antigüedad, Aristóteles había respondido perfectamente a esta cuestión:

> Los que dicen que el hombre no está bien constituido y que es el peor dotado de los animales (porque se dice que no tiene pezuñas, está desnudo y no tiene armas para defenderse) están en el error. Pues los animales no tienen cada uno más que un solo medio de defensa y no les es posible cambiarlo por otro, sino que están forzados, por decir así, a mantener sus pezuñas para dormir y para hacer cualquier otra cosa, y no deben nunca dejar la armadura que llevan alrededor de su cuerpo, ni cambiar el arma que les ha tocado. El hombre, por el contrario, posee numerosos medios de defensa, y siempre le es posible cambiarlos e incluso tener el arma que quiera y cuando quiera. Pues la mano deviene garra, empuña cuerno o espada o cualquier otra arma o útil. Ella puede

ser todo eso porque es capaz de agarrarlo todo y servirse de todo[1].

Si el hombre parece menos dotado que los animales, es porque puede utilizar su inteligencia y sus manos para obtener todo lo que necesite según modalidades infinitas. Su fragilidad física es así la condición y el signo de su superioridad espiritual.

El lenguaje del verdadero amor

Poco después de la muerte de Miguel Ángel, Paolo Veronese tuvo que enfrentarse a la Inquisición por haber pintado figuras inapropiadas en torno a la Última Cena. El repuso que, en la Capilla Sixtina, los cuerpos estaban también desnudos. Un inquisidor, queriendo defender a Miguel Ángel, respondió: «¿No sabes que no hay nada en esas figuras que no sea del espíritu?». El papa Benedicto XVI comentó esas palabras afirmando que nuestros cuerpos esconden un misterio: «Nuestros cuerpos no son una materia inerte, pesada, pero hablan, si sabemos escucharlos, el lenguaje del verdadero amor»[2]. En el caso de Cristo, su desnudez en la cruz expresa de forma elocuente el lenguaje del verdadero amor, el de Dios. Sus llagas van a ser como un libro abierto sobre su cuerpo.

---

[1] Aristóteles, *De partibus animalium,* IV, 10. Ver también: Cicerón, *De natura deorum*, II, LX, 150; o incluso Tomás de Aquino: *Suma teológica,* I, q. 93, a. 3, ad 2.

[2] Benedicto XVI, Discurso del 13 de mayo de 2011 para el 30.º aniversario del Instituto Juan Pablo II para el matrimonio y la familia.

La desnudez como puesta en verdad

Se dice corrientemente que «quedarse desnudo» es quedarse en verdad. Eso corresponde bien a la palabra griega *aletheia* que se traduce por «verdad», pero que literalmente significa el «des-velarse» (*a-letheia*). La verdad es el desvelamiento de lo real. Eso es lo que pasa en el Gólgota. Al dejar que le desnuden, Cristo revela, por su misma fragilidad, la verdad del amor divino, con un infinito pudor, visible a los que tienen el corazón y la mirada bastante puros.

La paradoja del pudor

La desnudez llama al pudor. Hoy, se asocia el pudor principalmente a la sexualidad, quizá porque la palabra «pudor» está ligada a la palabra latina *pudenda,* que designa las partes genitales. El filósofo Max Scheler ha insistido a este propósito sobre el hecho de que solo el hombre cuida cubrirlas[3]. Pero el pudor tiene un sentido más amplio. Es a la vez discreción, reserva, delicadeza, modestia, buen gusto, timidez, tacto y temor. Es una sensibilidad particular ante la mirada de otro, a menudo ambigua. Quiere preservarse de la impureza de una mirada cosificante.

El pudor, en tanto que temor a degradarse en la mirada del otro, no es por eso el rechazo a mostrarse o a decirse. No es la frialdad o el mutismo. No es el rechazo de la desnudez, sino el de su exposición indiscreta. Tiene la justa medida entre la necesidad

---

[3] Max Scheler, *La pudeur,* Aubier, París 1952, p. 21.

de mostrarse tal como se es y la necesidad de esconderse, entre el hecho de ruborizarse de todo y de no ruborizarse de nada, entre la extraversión y la introversión, entre la necesidad de expresión y la de misterio, entre el deseo de decir y la exigencia de no decirlo todo. Procede del amor y del cuidado de la pureza de corazón.

Por su desnudez, Jesús nos revela el misterio de su Padre, pero «con pudor». Expresa la verdad del amor de Dios de manera paradójica, comprensible solamente para los que han recibido ojos para ver: *«Bienaventurados los limpios de corazón, porque verán a Dios»* (Mt 5, 8).

Curar del temor a la mirada del otro

En un famoso sermón sobre la desnudez de Jesús, san Francisco de Sales cuenta:

> Un día el gran abad Serapión fue encontrado todo desnudo en una calle por algunos de sus amigos; estos, movidos de compasión, le dijeron: ¿quién os ha puesto en tal estado y os ha quitado la ropa? Oh, dijo él, es este libro quien me ha despojado así, hablando del libro de los evangelios que llevaba. Y yo, os aseguro que nada es más propio para despojarnos, que la consideración del incomparable despojo y desnudez del Salvador crucificado[4].

Por su desnudez, pueda Jesús curarnos de nuestro miedo a la mirada de Dios y de los demás.

---

[4] San Francisco de Sales, *Sermón VI para el Viernes Santo* (28.III.1614).

Oremos

Oh glorioso arcángel Rafael, a ti que has permitido la curación de la ceguera de Tobit, imploramos tu intercesión. Tú, que has guiado al joven Tobías por la vía de la santidad y de la pureza, intercede por nosotros a fin de que se nos conceda la pureza de la mirada, del corazón y del cuerpo. Obtén para nosotros la gracia de la pureza de la mirada, a fin de que nuestros ojos estén siempre dirigidos hacia el bien y lo bello, lejos de todo lo que podría apartarnos del amor de Dios; la pureza del cuerpo, para que sea templo digno del Espíritu Santo, preservado de toda suciedad; la pureza del corazón a fin de que podamos ver a Dios. Que podamos así vivir en la verdad, sin hipocresía y sin miedo. Amén.

6. LA HERIDA DE LAS MANOS

«Te he grabado en las palmas de mis manos».
(Is 49, 16)

Desde su proceso injusto hasta la subida al Gólgota, Jesús soporta la violencia y las humillaciones. Los soldados le abofetean, le golpean con fuerza y lo flagelan, y la pesada cruz le martiriza los hombros. Pero es en la cruz donde sufre las heridas más crueles y profundas. Quedarán en su cuerpo por la eternidad. Al término del vía crucis, llegado al Gólgota, los soldados comienzan por clavarle las manos. Estiran a Jesús sobre el *patibulum* colocado sobre el suelo. Un largo clavo se introduce a golpes de martillo en cada una de sus manos[1].

Suspendido por los nervios

Los clavos no se han clavado en la palma de sus manos, pues el peso de su cuerpo habría desgarrado rápidamente la carne. Los clavos se hincaron en sus muñecas, en el lugar preciso donde se encuentra el nervio mediano. Cuando se le toca, provoca un

---

[1] Un clavo que sirvió en la crucifixión de un contemporáneo de Jesús se descubrió cerca de Jerusalén. Se trata de un grueso clavo de carpintero, de 13 a 18 cm de largo, y de 7 u 8 mm de grosor.

dolor fulgurante y causa la retractación del pulgar hacia el interior de la palma de la mano. Eso explica por qué, en la Sábana Santa de Turín, las manos de Jesús parecen no tener más que cuatro dedos, pues el pulgar encogido en la palma no es visible.

El doctor Pierre Barbet, que ha estudiado la Pasión de Cristo desde un punto de vista quirúrgico, escribe:

> Su nervio mediano ha sido tocado. Él ha experimentado un dolor indecible, fulgurante, que se ha extendido a sus dedos, ha seguido como un trallazo de fuego hasta su hombro y ha estallado en su cerebro. Es el dolor más insoportable que un hombre puede experimentar, el que hiere a los troncos nerviosos gruesos. Casi siempre, lleva consigo la pérdida de conocimiento y feliz que sea así. Jesús no quiso perder el conocimiento. Mejor sería, si el nervio estuviera enteramente cortado. Pero solo quedó parcialmente destruido; la llaga del tronco nervioso sigue en contacto con el clavo; y sobre él, más tarde, cuando el cuerpo sea suspendido, estará fuertemente tenso como una cuerda de violín. Y vibrará con cada sacudida, con cada movimiento, despertando el horrible dolor[2].

Suspendido por el nervio mediano, entre el cielo y la tierra, Jesús quiso soportar este dolor inconmensurable, para ponernos en las manos del Padre. Sus manos clavadas, que han curado a los enfermos y bendecido a los niños, se han convertido en instrumento de nuestra redención.

[2] Pierre Barbet, *La Passion de Jésus Christ selon le chirurgien*, Éd Paulines, París 1965, p. 160.

Para captar plenamente el significado de la herida
infligida a las manos de Jesús y la curación que
esa herida ofrece, conviene reflexionar sobre lo
que representa la mano humana y el símbolo que
encarna. La mano, obra maestra de la anatomía, es
una maravilla de complejidad y finura. Cuenta con
27 huesos, a los que están asociados 40 músculos,
tendones, nervios, venas, cartílagos, articulaciones
mucho más numerosas que en las demás partes del
cuerpo, así como decenas de miles de fibras nerviosas
conectadas con el cerebro.

Paul Broca, antropólogo célebre por sus estudios
comparativos entre el hombre y el simio, decía con
admiración que: «siendo el hombre el único mamífero
absolutamente bípedo, es el único cuya mano es
perfecta»[3]. Contrariamente a la mano humana,
en efecto, las «manos» de los animales sirven
principalmente de apoyo, lo que exige que sean más
duras y resistentes, pero las priva de la flexibilidad y
delicadeza que caracterizan a las del hombre.

Para Aristóteles, es por ser el más inteligente de los
seres por lo que el hombre tiene manos:

> En efecto, el ser más inteligente es el que es capaz de
> utilizar un gran número de útiles; pues la mano parece
> ser no un solo útil, sino muchos. Porque ella es, por así
> decir, un útil que sustituye a otros. Es pues al ser capaz

---

[3] Paul Broca, citado por Jean Brun en *La main et l'esprit,* Labor et Fi-
des, Genève 1986.

de adquirir el mayor número de técnicas al que la naturaleza ha dado el útil de lejos más útil, la mano[4].

Ella es el instrumento por excelencia del espíritu humano, el instrumento de los instrumentos. Y las de Jesús se han convertido en el instrumento de nuestra redención.

La mano, símbolo del poder divino

Hay una relación particular entre la mano y el poder de Dios. Este lazo se evidencia en la palabra hebrea *Yad* (la mano) formada por las letras *Yod* y *Daleth*. En efecto, la letra *Yod* evoca el poder divino, mientras que *Daleth* (la puerta) expresa la idea de un pasaje entre dos realidades.

En la Biblia, esta idea de una transmisión del poder de Dios en el seno de lo creado está ilustrada por la expresión recurrente: «*La mano del Señor estaba sobre él*»[5]; y se traduce litúrgicamente por el gesto de la imposición de manos. Posando las manos sobre alguien en nombre de Dios, se invoca el poder divino para que revista a la persona y le dé la fuerza para cumplir su misión. La mano deviene entonces el canal por el que nos llega el poder de Dios, nos bendice, nos protege.

La crucifixión de las manos de Jesús revela de nuevo la intención perversa del demonio en la Pasión.

---

[4] Aristóteles, *De partibus animalium,* IV, 10.

[5] Por ejemplo, Ezequiel 1, 3: «*Le fue dirigida la palabra de Dios a Ezequiel, hijo del sacerdote Buzí. Allí la mano del Señor vino sobre él*».

Simbólicamente, clavar las manos del Hijo de Dios significa querer paralizar su poder, hacerlo ineficaz, conseguir que ya no pueda ejercerse. Es como si el demonio buscase privar al Todopoderoso de su poder. Clavar las manos de Cristo representa a sus ojos una enorme victoria: cree haber neutralizado el poder divino. Se imagina que las manos de Jesús no podrán ya nunca bendecir a los hijos de los hombres. Pero el demonio ignora que, en esta aparente impotencia de Jesús, se despliega una fuerza mayor. Por las manos clavadas de Cristo, somos curados.

La mano de los hombres y la de Dios

Para profundizar en la comprensión del sentido de la crucifixión de Jesús, sería útil examinar todas las ocurrencias de la palabra «mano» en la Biblia. Se vería que, desde la historia de Abel, asesinado por la mano de su hermano Caín, hasta Jesús, que pone su vida en las manos de su Padre, los relatos bíblicos convergen para decirnos que vale más caer en las manos de Dios que en las de los hombres (cf. 1 Cro 21, 13). En Jesucristo, la mano de Dios se ha encarnado en una mano humana y «*como Jesús sabía que todo lo había puesto el Padre en sus manos*» (Jn 13, 3), se dejó clavar a la cruz para «*salvarnos [...] de la mano de cuantos nos odian*» (Lc 1, 71), y devolvernos a las manos del Padre. «La Mano de Dios libra de las manos de los hombres. Tal es finalmente todo el mensaje de las Escrituras»[6].

---

[6] Jean Brun, *op. cit.*, p. 195.

En nuestra meditación sobre las llagas de las manos de Jesús, la gracia esencial que pedir es la de la entrega total de nuestra persona en las manos del Padre. Que podamos decir con toda verdad y confianza: *«Padre, en tus manos encomiendo mi espíritu»* (Lc 23, 46). Que bendiga el trabajo de nuestras manos.

Oremos

Padre mío, me abandono en ti, te entrego mi capacidad de servirte y de servir a mis hermanos y hermanas. Ven a llenarme de tu poder divino, para que pueda ponerme eficazmente al servicio del Evangelio. Por la intercesión del arcángel Rafael que ha guiado las manos del joven Tobías a fin de que pudiesen ser instrumento de bendición, te pido usar mis manos para hacer el bien. Bendice hoy y siempre mis acciones y mi trabajo. Amén.

7. LA HERIDA DE LOS PIES

«María, tomando una libra de perfume de nardo puro,
muy caro, ungió los pies de Jesús» (Lc 12, 3)

Después de clavar las manos de Jesús, había que izar el *patibulum* y fijarlo en la parte vertical de la cruz (el *stipes*), antes de clavar los pies. En la Sábana Santa de Turín se puede ver que sus pies fueron cruzados, el pie izquierdo delante del derecho, y clavados los dos juntos.

Esta herida de los pies estaba anunciada desde el Génesis, en el pasaje que se llama el «primer evangelio» (el proto evangelio), cuando Dios dice a la serpiente, anunciando ya la victoria de Cristo: *«Pondré enemistad entre ti y la mujer, entre tu linaje y el suyo; él te herirá en la cabeza, mientras tú le herirás en el talón»* (Gn 3, 15). Es quizá aquí donde la relación entre las heridas de Cristo y la curación de la humanidad aparece más claramente.

El talón de Aquiles

En la mitología griega, el mito de Aquiles, herido en el talón por la flecha fatal de Paris, nos ofrece pistas interesantes para comprender el significado simbólico de la herida del pie.

La ninfa Tetis, deseando hacer invulnerable a su hijo Aquiles, le sumerge al nacer en las aguas sagradas de la laguna Estigia, que tenían la virtud de hacer inmortal a cualquiera que fuese allí sumergido. Sin embargo, una parte del cuerpo del niño quedó fuera: el talón, por el que Tetis lo sostuvo. Frente al resto del cuerpo que devino de esencia divina, su talón le mantiene siendo un simple hombre. En el asedio de Troya, Paris, guiado por Apolo, dispara una flecha que alcanza a Aquiles en ese lugar. El héroe tiene el valor de retirar la flecha, pero por la herida, la sangre brota y se le escapa la vida. Aquiles se desploma y muere.

Se comprende que el pie representa simbólicamente al hombre en su mortalidad. De hecho, es la parte más baja del cuerpo humano. La que toca el polvo y nos recuerda incidentalmente que estamos ligados al polvo y volveremos al polvo (cf. Gn 3, 19).

La curación por los pies

En la medicina china, se dice que tocar el pie es tocar el alma de la persona. La reflexología, salida de esta tradición, considera que cuando una parte del cuerpo no funciona bien es que el flujo de energía vital está bloqueado. Para restablecer esta energía, el terapeuta se dirige a los pies, buscando cuidar todo el cuerpo a partir de la planta de los pies. Es como si el pie reuniera al individuo entero. Habría dos extremos en el cuerpo humano: la cabeza, que recapitula al hombre hacia lo alto, y los pies, que recapitulan al hombre hacia abajo. La cabeza y la frente encarnan la autoridad, el orgullo, la aspiración al cielo. El pie representa la humildad, la vulnerabilidad, el realismo de la tierra, la mortalidad. Es este simbolismo al que Jesús se va a referir, en el umbral de su Pasión, al lavar los pies de sus discípulos.

El significado espiritual del lavamiento de los pies

«Y mientras celebraban la cena, cuando el diablo ya había sugerido en el corazón de Judas, hijo de Simón Iscariote, que lo entregara, como Jesús sabía que todo lo había puesto el Padre en sus manos y que había salido de Dios y que a Dios volvía, se levantó de la cena, se quitó el manto, tomó una toalla y se la puso a la cintura. Después echó agua en una jofaina, y empezó a lavarles los pies a los discípulos y a secárselos con la toalla que se había puesto a la cintura. Llegó a Simón Pedro y este le dijo: "Señor, ¿tú me vas a lavar a mí los pies?" "Lo que yo hago no lo entiendes ahora —respondió Jesús—. Lo comprenderás después". Le dijo Pedro: "No me lavarás los pies jamás". "Si no te lavo, no tendrás parte conmigo" —le respondió Jesús—. Simón Pedro replicó: "Entonces, Señor, no solo los pies, sino también las manos y la cabeza". Jesús le dijo: "El que se ha bañado no tiene necesidad de lavarse más que los pies"» (Jn 13, 2-10).

En este texto crucial, la palabra «pie» se repite cinco veces. ¡Eso es mucho! ¿Por qué el narrador insiste tanto en ellos, y por qué Jesús dirige esas palabras tan fuertes a Pedro: *«Si no te lavo* [los pies], *no tendrás parte conmigo»*? Si comprendemos que el pie simboliza nuestra mortalidad, el sentido profundo de ese gesto deviene claro. El lavamiento de los pies, en el preludio de la Pasión de Cristo, simboliza el acto por el cual Jesús nos salva de la muerte. Insistiendo a Pedro, Jesús quiere decirle: «Si no me dejas salvarte, no te salvarás. Si no me dejas curar la herida de tus pies, la sangre va a continuar derramándose».

Los pies atravesados

El lavamiento de los pies realizado por Jesús mismo no es aún más que un símbolo. La verdadera curación de la humanidad llega cuando Jesús acepta ser crucificado por nuestra salvación. Los pies son entonces atravesados y el demonio es vencido.

Dios había anunciado a la serpiente antigua que heriría al hijo de la mujer en el talón, es decir, «en su mortalidad»; pero también le anunció que le aplastaría la cabeza y sería vencido. En la cruz, se cumplió este misterio. Por su crucifixión, Cristo ha vencido a la muerte y aplastado la cabeza de la serpiente.

Levántate y anda

Los pies no recuerdan solo nuestra mortalidad. Son en primer lugar lo que hace posible estar de pie y la marcha. El hombre se sostiene de pie. Se pone de pie. Él, tan pesado, se mantiene sobre sus pies. Por su postura erguida que permite la manifestación de su rostro, parece querer escapar a la tierra y proyectarse hacia delante.

Como dice Qohélet: «*Dios hizo al hombre sencillo, pero ellos se buscan infinitas complicaciones*» (Qo 7, 29). La verticalidad del cuerpo humano podría compararse a la de un árbol[1], pero mirándolo bien, es lo contrario, según dice santo Tomás de Aquino:

> Sin embargo, a pesar de poseer una estatura vertical, el hombre está a gran distancia de las plantas. En efecto, su parte más sublime, la cabeza, mira hacia lo más sublime del mundo; y su parte inferior, hacia la inferior del mundo. Posee, pues, una disposición óptima respecto de todo el conjunto. Las plantas, en cambio, tienen sus partes más dignas mirando hacia lo inferior del mundo (ya que sus raíces corresponden a la boca), y su parte más ínfima mira hacia lo más sublime del mundo[2].

Los pies están también al servicio de la marcha. La disposición de las articulaciones y la orientación de los pies muestran que el hombre está hecho para avanzar recto hacia delante, no encogido o hacia atrás. La marcha atrás es por cierto posible, pero arriesgada y poco natural. Lo que nos es natural es progresar hacia delante, utilizando los pies y las piernas para marchar hacia donde miramos. Los pies son así el símbolo de la relación social, de la supresión de las distancias entre otro y yo. Dan el sentido de la relación con ese lejano muy particular que es el otro.

Mantenerse derecho y andar derecho, esa es toda la vocación del hombre. Esta vocación humana se resume maravillosamente en las palabras de Jesús al paralítico de la piscina de Betzata: «*Levántate, toma tu camilla y ponte a andar*» (Jn 5, 8). Aquí Jesús no precisa hacia dónde debe andar. Eso expresa en gran

---

[1] La relación entre los árboles y los humanos se sugiere en Mc 8, 24: «*Veo a hombres como árboles que andan*».

[2] Tomás de Aquino, *Suma Teológica,* I, q. 91, a. 3, ad 3.

parte su libertad. Pero a dondequiera que vaya lo hará de pie, avanzando siempre. Jesús le devuelve así su dignidad de hombre libre y recto.

Pero ¿por qué le pide que lleve su camilla, símbolo de su incapacidad de andar? Quizá para que no olvide de dónde viene y para que vaya a ayudar a los demás, cosa que no había hecho desde hacía treinta y ocho años. Pues si nuestras piernas nos permiten desplazarnos, es para ir a nuestros hermanos y hermanas. Eso es además por lo que, después de haber lavado los pies a sus discípulos, Jesús les declara: «*Vosotros me llamáis el Maestro y el Señor, y tenéis razón, porque lo soy. Pues si yo, que soy el Señor y el Maestro, os he lavado los pies, vosotros también debéis lavaros los pies unos a otros. Os he dado ejemplo para que, como yo he hecho con vosotros, también lo hagáis vosotros*» (Jn 13, 13-15).

Vamos pues adelante, puesto que Cristo nos ha puesto en pie. Vamos a decir a los demás que por las heridas de Jesús hemos sido curados. Desde la Cruz, Cristo dice a cada uno: «*Levántate y anda*».

Oremos

San Rafael, tú has cuidado los pasos del joven Tobías, nosotros confiamos en tu intercesión. Pues Jesús se rebajó para lavar los pies a sus discípulos, que podamos nosotros también servir a nuestros hermanos y hermanas. Pues Jesús curó al paralítico de Betzata, que no tenía a nadie que le ayudara, que podamos ponernos en pie e ir al encuentro de los demás. Que podamos aumentar nuestra capacidad de movimiento y de acción, y tener el valor de ir adelante. Señor, por la intercesión de arcángel

Rafael, danos andar con confianza en el camino de la vida. Tú que has dado la misión a tus ángeles de cuidarnos en todos nuestros caminos, danos no tropezar más. «*Llévame contigo. ¡Corramos!*» (Ct 1, 4). Amén.

8. LA HERIDA DEL CORAZÓN

*«Aprended de mí que soy manso
y humilde de corazón»* (Mt 11, 29)

Nos queda por contemplar la última herida de Cristo, la única que tocó un órgano vital y que habría matado a Jesús si no hubiese ya entregado su alma al Padre. Hay en el cuerpo del Crucificado muchas heridas, y además está la de su costado, la que llega a su corazón. Es la más misteriosa[1].

«Como era la Parasceve [es decir, el viernes], *para que no se quedaran los cuerpos en la cruz el sábado, porque aquel sábado era un día grande, los judíos rogaron a Pilato que les rompieran las piernas y los retirasen. Vinieron los soldados y rompieron las piernas al primero y al otro que había sido crucificado con él. Pero cuando llegaron a Jesús, al verle ya muerto, no le quebraron las piernas, sino que uno de los soldados le abrió el costado con la lanza. Y al instante brotó sangre y agua. El que lo vio da testimonio, y su testimonio es verdadero; y él sabe que dice la verdad para que también vosotros creáis. Esto ocurrió para que se cumpliera*

---

[1] Para profundizar en la teología del Sagrado Corazón, se puede acudir a la bella síntesis del papa Francisco en su carta encíclica *Dilexit nos* del 24 de octubre de 2024.

la Escritura: No le quebrantarán ni un hueso. *Y también otro pasaje de la Escritura dice:* Mirarán al que traspasaron» (Jn 19, 31-37).

Según el Deuteronomio, un condenado a muerte debía ser enterrado antes del sabbat (cf. Dt 21, 22-23). Para apresurar la muerte de los crucificados se les rompían las piernas, impidiéndoles así alzarse para respirar y causándoles una asfixia casi instantánea. Esta última violencia de los soldados se detiene sin embargo ante Jesús, pues parece ya muerto. Uno de los soldados, con su lanza, le atraviesa el costado.

Este lanzazo, aunque Jesús no lo haya sentido en su carne, atraviesa el corazón de María y cumple definitivamente la profecía del anciano Simeón: *«A tu misma alma la traspasará una espada»* (Lc 2, 35). Es un último insulto, una profanación infligida ante su madre. La lanza del soldado, que hiere el cadáver de Jesús, atraviesa el alma de María.

Costado del corazón

Aunque el texto evangélico no menciona explícitamente el corazón, sino más bien el *«costado»*[2], sabemos por la historia, que los romanos daban a veces el golpe mortal en el corazón introduciendo la lanza de manera transversal a partir de la derecha[3]. La liturgia de la fiesta del Sagrado

---

[2] Para el narrador, se trata sin duda de hacer referencia a Ez 47, 1: *«El agua bajaba desde el lado derecho del Templo, por la parte meridional del altar».*

[3] Según el doctor Pierre Barbet, el lanzazo dado en el costado derecho habría alcanzado la aurícula derecha del corazón, perforando el pericardio. La hoja de la lanza, deslizándose entre la quinta y la sexta costilla, habría

Corazón se apoya sobre este pasaje para alimentar nuestra meditación.

En nuestros días, el simbolismo del corazón parece borrarse bajo el bisturí del cirujano: se opera el corazón, se lo abre, se lo repara, se lo remplaza como si no fuese más que una simple bomba mecánica. Con todo, el corazón sigue siendo el símbolo habitual del amor. Decimos espontáneamente: «Te quiero con todo mi corazón», y no «con todo mi cerebro». Y si se trata de expresar el amor en un texto, utilizaremos el emoticono de un corazoncito.

Sin embargo, el corazón es ante todo el símbolo del «centro». Aunque le percibamos a menudo a la izquierda, está alojado entre los pulmones, en medio del tórax, y ocupa una posición central, ligeramente inclinada hacia la izquierda. Por eso, en nuestro lenguaje, se dirá que alguien está «en el corazón de un bosque» o «en el corazón de los acontecimientos», o aún que va «al corazón del asunto», para significar que está en el centro, en el medio, o que se refiere a lo esencial. El corazón es así el símbolo del centro vital. Si es el símbolo del amor, es porque sentimos que el amor es esencial en nuestra vida.

Como un vaso

El corazón es un músculo hueco. Esta singularidad le permite contener y luego propulsar la sangre. Se lo podría comparar a un vaso. El vaso, en efecto, recibe

---

atravesado las pleuras parietal y visceral, luego el pulmón derecho, para alcanzar finalmente el corazón (Cf. *Op. cit.* 171).

y guarda un líquido, con vistas a derramarlo. No se sitúa en una lógica de retención, sino en la de un derramamiento. Ofrecer lo que contiene es su misma esencia[4]. Eso sucede con el corazón: con cada latido, recibe la sangre y la redistribuye, proporcionando a cada célula del cuerpo el oxígeno y los nutrientes que necesita.

En el plano simbólico, el corazón, con sus movimientos alternativos de diástole y sístole, encarna así dos dimensiones esenciales del amor: la acogida y el don. Ese doble aspecto resume la misión de Jesús, que recibe todo el amor del Padre para comunicarlo a su cuerpo, que es la Iglesia. Es también la imagen de nuestra vocación cristiana: recibir el amor divino y transmitirlo a los demás. Si la acogida de la gracia no se abriese paso a la acción de la gracia y la caridad fraterna, nuestra vida espiritual se parecería sin duda más al Mar Muerto que al Mar de Galilea. Este está vivo y abundante de peces porque recibe las generosas aguas de las montañas del Golán y las deja enseguida salir al Jordán, mientras que el Mar Muerto, que recibe el agua del Jordán sin transmitirla, permanece estéril.

La aspersión de la sangre

El corazón está al servicio del sistema sanguíneo, el cual, a diferencia de los demás sistemas del cuerpo, funciona en circuito cerrado. La sangre parte del corazón y vuelve a él. La apertura del corazón de

---

[4] Martin Heidegger ha escrito a este propósito un bello texto: «La chose», en *Essais et conférences*, Gallimard, París 1958, pp. 196-204.

Cristo y el brotar de su sangre representan la apertura de ese sistema cerrado. Y por ahí se nos manifiesta que Dios no es precisamente «un sistema cerrado». El Señor no es un ser encerrado en su perfección divina. Todo lo que tiene, todo lo que es, nos lo da sin reservas. Él lo derrama en nuestro corazón para que podamos tener la vida, y la vida en plenitud.

El episodio de la herida del costado de Cristo, remite bien a la profecía de Ezequiel, donde el agua que sale del costado derecho del Templo deviene un torrente que vivifica y fertiliza la tierra: «*Esta agua que brota hacia la región oriental desciende hasta la Arabá y llega al mar de aguas salobres, pero las sanará. Todo ser viviente que se mueve por donde llega el torrente vivirá. Habrá gran abundancia de peces allí donde llegue el agua porque las aguas serán sanadas y vivirá todo lo que haya en el lugar donde el torrente llegue*» (Ez 47, 8-9).

Ese brotar de la sangre de Cristo es el símbolo de nuestra curación. Las mujeres en el camino de la cruz no sabían sin duda lo que decían cuando lloraban refiriéndose a la aspersión del *Yom Kippur*: «*Su sangre sobre nosotros y sobre nuestros hijos*» (Mt 27, 25). Si nuestro corazón está bien dispuesto, la aspersión de la sangre de Jesús, lejos de ser una maldición, es una bendición. Como decía el papa Benedicto XVI:

> Entonces el cristiano recordará que la sangre de Jesús habla una lengua muy distinta de la de Abel (cf. Hb 12, 24): no clama venganza ni castigo, sino que es recon- ciliación. No se derrama *contra* alguien, sino que es sangre derramada *por* muchos, por todos [...] que todos

necesitamos del poder purificador del amor, que esta fuerza está en su sangre[5].

Jesús crucificado puede compararse al pelícano legendario que, volviendo a su nido y descubriendo a sus pequeños inanimados, les devuelve la vida hiriéndose el corazón:

El ave gritaba entonces su dolor a todos los horizontes, se inclinaba sobre los pequeños cuerpos ensangrentados y, desgarrando su pecho con el pico, los regaba con su sangre. Entonces, bajo la cálida savia paterna, los pelicanitos muertos se agitaban de pronto, retomaban vida, batían alegremente las alas y se apretaban amorosamente en el pecho del padre a quien, dos veces, debían la vida[6].

La curación de nuestro corazón

La curación definitiva del corazón del hombre había sido anunciada en particular por el profeta Jeremías: «*Pondré mi Ley en su pecho y la escribiré en su corazón, y Yo seré su Dios y ellos serán mi pueblo*» (Jr 31, 33). La ley fue primero dada de forma espectacular, por Moisés en el Sinaí. La montaña santa humeaba porque Dios descendía en el fuego. Era como un horno ardiente y «*los montes se derriten como cera*» (Sal 97, 5). Pero a pesar de toda esta demostración de poder, el don de la Ley fue ampliamente ineficaz. En tanto que el corazón no es tocado, el don de la luz es vano. Por eso hacía falta

---

[5] Benedicto XVI, *Jesús de Nazaret,* op. cit., p. 220.

[6] Louis Charboneau-Lassay, *Le Bestiaire du Christ,* Milano 1974, pp. 558-559.

que Dios viniese en la mansedumbre a inscribir su ley directamente en nuestro corazón. Pero ¿cómo eso era posible si nuestros corazones eran de piedra? Se necesitaba otra operación divina profetizada por Ezequiel, quien completa así a Jeremías: «*Os daré un corazón nuevo y pondré en vuestro interior un espíritu nuevo. Arrancaré de vuestra carne el corazón de piedra y os daré un corazón de carne*» (Ez 36, 26). Puedan ser transformados nuestros corazones por Dios mismo para recibir su gracia.

«Ah! Si mi corazón pudiese devenir un pesebre, de nuevo Dios sería aquí abajo un niño»[7].

Oremos

Oh, Sagrado Corazón de Jesús, fuente infinita de amor y de misericordia, nos dirigimos a ti con confianza y humildad. Que nuestro corazón se convierta en un pesebre para que de nuevo aquí abajo el Señor se haga niño. Nos unimos al arcángel Rafael para adorarte y amarte. Concédenos la curación profunda de nuestra persona. Cúranos de las heridas del pasado y de nuestro endurecimiento. Que seamos de nuevo capaces de amar como un niño, a imagen del joven Tobías. Oh, Sagrado Corazón, ponemos en tu presencia todas nuestras intenciones, nuestros temores y nuestras necesidades. Por la intercesión poderosa de san Rafael, concédenos curar de la ceguera para que veamos a Dios un día. Amén.

---

[7] Angelus Silesius, *Le Voyageur chérubinique,* II, 53.

9. LAS LLAGAS GLORIOSAS DEL RESUCITADO

«Entonces vi [...] un Cordero erguido,
como sacrificado» (Ap 5, 6)

Las llagas de Jesús hablan el lenguaje del verdadero amor. Son un libro abierto sobre su cuerpo, que nos revela el amor de Dios por nosotros. Y ese libro quedará abierto por los siglos de los siglos, pues Cristo resucitado conserva para siempre las cinco cicatrices de la Cruz.

No le quebrantarán ni un hueso

«[...] Los judíos rogaron a Pilato que les rompieran las piernas y los retirasen. Vinieron los soldados y rompieron las piernas al primero y al otro que había sido crucificado con él. Pero cuando llegaron a Jesús, al verle ya muerto, no le quebraron las piernas [...]. Esto ocurrió para que se cumpliera la Escritura: No le quebrantarán ni un hueso» (Jn 19, 31-33, 36).

Jesús conoció toda clase de malos tratos durante su Pasión, pero no le rompieron ningún hueso. Juan insiste sobre este punto combinando una cita del versículo 21 del Salmo 34: «[El Señor] *guarda todos sus huesos, ni uno solo será quebrantado*» con otra de Éxodo 12, 46 a propósito de la preparación del cordero pascual: «*No le quebraréis ningún hueso*».

Es de notar en primer lugar que los huesos son el elemento más sólido del cuerpo humano. Son lo que queda después de la descomposición del cadáver y pueden teóricamente conservarse durante siglos. Por eso, los huesos son el símbolo del núcleo duro de nuestro ser, de nuestra inmortalidad. Representan nuestro ser profundo[1].

En el Salmo 50, David, descompuesto por su pecado, se siente como si Dios hubiese triturado todos sus huesos. Sin embargo, recobra el ánimo y dice: «*Que exulten los huesos que has quebrado*» (Sal 50, 10). Pero Jesús es diferente. Él, el Inocente, no ha sido tocado por el pecado. Ha tomado sobre él los pecados del mundo, pero estos no han corrompido su Persona, pues es el Verbo de Dios. Por eso, sus huesos, símbolo de nuestro ser profundo, debían quedar intactos.

El cuerpo cadavérico de Jesús

El cuerpo de Jesús, incluso después de la muerte, es único. En tanto que verdadero Dios y verdadero hombre, su cuerpo y su alma están ligados de manera indisoluble a su divinidad, incluso en la muerte. Así, el Sábado Santo, mientras su alma unida al Verbo

---

[1] Sin duda por eso la incineración está mal vista en muchas religiones, sobre todo cuando implica romper los huesos del muerto para facilitar la reducción a cenizas. Para los judíos, la incineración está prohibida, y si los católicos la permiten desde 1963, no es lo preferido (*Código de Derecho Canónico* de 1983, Can. 1176, ƒ3).

descendía a los infiernos, su «cuerpo cadavérico[2]» seguía igualmente unido a su divinidad.

Normalmente, enseguida después de la muerte, se produce en el cadáver un estado de relajación y ablandamiento de todos los músculos del cuerpo. Luego comienza un lento proceso de contracción muscular. Esta rigidez cadavérica desaparece a continuación progresivamente y el cuerpo comienza a descomponerse. Pero el cuerpo de Jesús, ligado hipostáticamente al Verbo de Dios, no conoció esta corrupción: «*Por eso se alegra mi corazón, se goza mi alma, hasta mi carne descansa en la esperanza. Porque no abandonarás mi alma en el sheol, ni dejarás a tu fiel ver la corrupción*» (Sal 15, 9-10).

La «preparación» de un muerto, su embalsamamiento, su colocación en el ataúd, sus exequias, su inhumación, deben siempre manifestar un gran respeto, pues a diferencia de un simple cuerpo físico o animal, el cadáver humano es el vestigio de un templo en el que la vida espiritual de la persona estuvo. Pero en el caso de Jesús, hay más: su cadáver está ligado al Verbo divino, no es solo respetable, sino digno de adoración. De ahí el carácter litúrgico del descendimiento de la cruz y el traslado de Jesús al sepulcro.

«José de Arimatea [...] retiró su cuerpo. Nicodemo, el que había ido antes a Jesús de noche, fue también llevando una mixtura de mirra y áloe, de unas cien libras. Tomaron el cuerpo de Jesús y lo envolvieron

---

[2] Conviene emplear esta expresión si se quiere distinguir el cadáver de Jesús de cualquier otro cadáver humano en estado de corrupción.

*en lienzos, con los aromas, como es costumbre dar
sepultura entre los judíos»* (Jn 19, 38-40).

Se levantó de entre los muertos

La palabra resurrección en griego (*anastasis*) está
compuesta del verbo *histémi* (sostenerse) precedido
de la preposición *ana* que significa «de abajo
arriba», «hacia arriba». Remite pues al movimiento
de levantarse, elevarse, ponerse derecho. La fatiga,
la enfermedad y la muerte nos hacen sucumbir
a nuestro peso. Debemos acostarnos. Y una vez
muerto, se necesitan a veces dos o tres hombres para
desplazarnos. Pero Jesús se puso en pie él solo. Se
levantó de entre los muertos.

Ya hemos mencionado el simbolismo de la postura
recta del hombre a propósito de la herida de los pies
de Jesús. Conviene volver ahí, pues la verticalidad
del hombre se manifiesta en la resurrección. El
pintor Bellini ha tenido esa inspiración sublime
cuando representó a Cristo muerto, de pie
entre los brazos de su madre y del apóstol Juan.
Normalmente la muerte nos pone en la horizontal.
Representar a Cristo muerto y de pie es expresar
que él es en su persona «*la Resurrección y la Vida*»
(Jn 11, 25).

Muchos filósofos han reflexionado sobre la postura
recta del hombre. Aristóteles veía en eso la señal de
nuestra aspiración a lo divino: «Entre los seres que
conocemos, solo el hombre tiene algo de divino [...].
Solo, en efecto, de todos los animales, el hombre se
mantiene derecho teniendo la cabeza en el eje del

universo»[3]. Todo el cuerpo humano manifiesta por otra parte una suerte de elevación progresiva hacia la vida espiritual. Abajo, los pies y las piernas; luego las funciones vegetativas elementales; el diafragma marca una frontera; a partir de ahí, se tienen los pulmones y el corazón; luego en el plano superior, todo lo que es más característico del pensamiento. También el rostro, parece ir de abajo arriba, de lo más vegetativo (la boca que sirve para comer) a lo más espiritual (los ojos). *Os homini sublime dedit*[4]: el rostro humano está en aspiración hacia el cielo.

Jesús guarda sus heridas para siempre

Después de su resurrección, Jesús da a contemplar sus cicatrices: «*Mirad mis manos y mis pies*» (Lc 24, 39). Se hubiera podido imaginar que las señales de la Pasión habrían desaparecido totalmente. ¿No habría eso manifestado mejor la victoria de Cristo sobre la muerte?

Si Cristo ha guardado sus cicatrices, eso no es evidentemente porque no pudiese borrarlas, sino para recordar para siempre el triunfo de su victoria. Santo Tomás de Aquino considera incluso que permanecerán para siempre en su cuerpo[5] y que «una belleza especial aparecerá en los lugares de estas

---

[3] Aristóteles, *De partibus animalium,* IV, 10.

[4] Ovidio, *Metamorfosis,* I, 85.

[5] Esta es la posición más tradicional, a pesar de que algunos, como Juan Calvino, piensen que las cicatrices de Jesús, no siendo necesarias más que para probar su identidad a sus discípulos, han desaparecido después de la Ascensión.

heridas[6]». Se podría acercar esta intuición al arte japonés de Kintsugi que consiste en reparar las piezas de cerámica rotas llenando las fisuras con oro. Las heridas gloriosas de Cristo nos dan a contemplar para siempre cómo el oro de la caridad repara todas las fracturas de la humanidad.

Oremos

Oh, Jesús resucitado, cuyas llagas gloriosas son las señales de tu amor victorioso sobre la muerte, venimos en adoración ante tu santa presencia. Por estas llagas benditas, que brillan con la luz de la Resurrección, tú has mostrado a la humanidad que el sufrimiento puede ser transfigurado y que la victoria pertenece al amor. Te rogamos, Señor, por tus llagas gloriosas, que no son ya marcas de dolor sino fuentes de gracia, que concedas a nuestras almas y a nuestros cuerpos la curación que necesitamos. Oh, san Rafael arcángel, tú que has devuelto la esperanza a Tobit y a Sara, invocamos tu intercesión poderosa cerca de nuestro Señor Jesucristo. Intercede por nosotros, para que nuestras heridas físicas, emocionales y espirituales sean transformadas en bendiciones, y podamos testimoniar una esperanza más fuerte que el mal y la muerte. Amén.

---

[6] Santo Tomás de Aquino, *Suma teológica,* III, q. 54, a. 4, ad 1.

CONCLUSIÓN

*«Volveos a mí y seréis salvos,
confines todos de la tierra»* (Is 45, 22)

Decía Teresa de Jesús: «Siempre tengo deseo de tener tiempo para leer, porque a esto he sido muy aficionada. Leo muy poco, porque tomando el libro me recojo [...], y así se va la lición [lectura] en oración»[1]. Al término de esta obra, me atrevo a esperar que habréis espontáneamente pasado de la meditación a la oración. La ayuda de la meditación es necesaria para encender el corazón, pero los místicos enseñan que debe simplificarse cada vez más y llegar a una simple mirada. «No os pido ahora [...] más que le miréis[2]», decía Teresa de Jesús a sus monjas.

Nuestra conexión con Jesús depende de la mirada. No de una mirada con los ojos del cuerpo, por supuesto, sino con los ojos del corazón. Esta mirada de fe es el acto más sencillo que puede haber. Un hombre puede no ser capaz de leer una sola letra en un libro, pero puede volverse hacia Jesús. Puede ser incapaz de pronunciar una palabra de una sílaba, pero puede mirar. Incluso un ciego puede, como prueba el

---

[1] Teresa de Jesús, *Cuentas de conciencia,* 1ª, 11.

[2] Teresa de Jesús, *Camino de perfección,* Códice de Valladolid, 26, 3.

episodio de Bartimeo (cf. Mc 10, 46-52). Incluso un pecador puede, como prueba el episodio de Zaqueo (Lc 19, 1-10). Un hombre puede carecer de valor moral, pero puede mirar. Puede estar desprovisto de todas las virtudes, y, sin embargo, puede mirar. Puede ser un ladrón, una prostituta, o un cobarde, pero puede mirar. Un hombre puede ser excluido de la sociedad, encerrado entre los muros de una prisión, pero puede mirar. Todo hombre puede levantar los ojos hacia Cristo crucificado, cualquiera que sea su situación física, social o moral. Lo mismo que los hebreos en el desierto miraban hacia la serpiente de bronce, todo hombre puede desviar la mirada de sí mismo y orientarla hacia el crucificado para ser salvado.

Muchos santos han considerado la contemplación de las llagas de Cristo como el centro de su vida de oración. Han mirado al que está clavado en la cruz hasta que su propio corazón se clavase. Han contemplado la cruz hasta que todo lo que está en la cruz entrase en su alma. Han mirado a Jesús y han descubierto que él los miraba; y en su mirada, lo han comprendido todo. La vista de la crucifixión ha crucificado en ellos el pecado. Por sus heridas, han sido curados.

La contemplación de las llagas de Jesús debe por último abrirnos a la caridad fraterna. Porque, como recordaba el papa Francisco: «Las llagas de Jesús son todavía hoy visibles en el cuerpo de los hermanos que tienen hambre, sed, que están desnudos, humillados, esclavizados, que se encuentran en la cárcel y en el hospital»[3]. Es sin duda la intuición que

---

[3] Papa Francisco, Meditación matinal del 3 de julio de 2013.

ha tenido Matthias Grünewald cuando realizó su famoso «retablo de Issenheim» para la capilla de un hospital en Colmar. Ha pintado el horror de la Cruz representando a Jesús con los mismos síntomas horribles de enfermedad que sufrían los pacientes del hospital[4]. Él quería que los enfermos, al contemplar esta imagen, pudiesen comprender que no estaban solos en su sufrimiento, y que en Jesucristo crucificado y glorificado se encontraba la curación definitiva de la humanidad.

---

[4] Estos enfermos, que habían consumido centeno contaminado por un hongo tóxico, el ergot o cornezuelo, padecían «ergotismo», una enfermedad terriblemente dolorosa que deforma el cuerpo.

ESTE LIBRO, PUBLICADO POR
EDICIONES RIALP, S. A.,
MANUEL URIBE 13-15, 28033 MADRID,
SE TERMINÓ DE IMPRIMIR EN
ANZOS, S. L. FUENLABRADA (MADRID),
EL DÍA 15 DE JULIO DE 2025.